CATALOGUE

DE

TABLEAUX

DESSINS, GRAVURES, LITHOGRAPHIES

Livres à Figures, Objets de Curiosité,

FORMANT LE

Cabinet de M. DU MINGUY

DONT LA VENTE AUX ENCHÈRES PUBLIQUES AURA LIEU

PAR SUITE DE SON DÉCÈS

Les Jeudi 18, Vendredi 19 & Samedi 20 Avril 1861, à une heure

EN L'HOTEL DES COMMISSAIRES-PRISEURS

RUE DROUOT, SALLE N° 3

Par le ministère de **Me HAYAUX DU TILLY**, Commissaire-Priseur,
rue Neuve-des-Mathurins, 18, et de son Confrère,

Me DELBERGUE-CORMONT, rue de Provence, 8,

Assistés de **M. CLEMENT**, Marchand d'Estampes de la Bibliothèque
impériale, rue des Saints-Pères, 3,

Chez lesquels se distribue le présent Catalogue.

EXPOSITION PUBLIQUE

Le MERCREDI 17 Avril 1861, de une heure à cinq heures.

PARIS

RENOU & MAULDE

IMPRIMEURS DE LA COMPAGNIE DES COMMISSAIRES-PRISEURS

rue de Rivoli, 144

1861

C, 7

CONDITIONS DE LA VENTE

Elle sera faite au comptant.

Les acquéreurs paieront, en sus des adjudications, CINQ pour cent, applicables aux frais.

Les pièces cataloguées sous le même numéro pourront être divisées.

ORDRE DE VACATIONS

Jeudi 18 Avril. — Tableaux et commencement des Dessins.

Vendredi 19.—Les Livres, Gravures et le restant des Gravures.

Samedi 20. — Les Curiosités.

DÉSIGNATION

TABLEAUX

48 — Robert (Hubert). Vue prise dans un parc.

49 — Du même. Intérieur de ferme.

50 — Du même. Escalier d'un parc.

51 — Du même. Feu de joie devant un palais.

52 — Du même. Rochers et marine.

53 — Intérieur d'un acqueduc.

53 bis — Du même. Intérieur d'une galerie.

54 — Du même. Porte du Louvre.

54 bis. — Steenwich. Intérieur d'une église avec procession.

55 — Swagers. Bord et intérieur d'une forêt. Deux tableaux.

56 — Du même. Les mêmes sujets Deux tableaux.

57 — Thibault. Ruines. Fragments du Colysée.

58 — Du même. Site d'Italie.

59 — Du même. Aqueduc en Italie.

60 — Du même. Petite fontaine à Fleury, près Meudon.

61 — Du même. Statues de la villa Borghèse.

62 — Du même. Jardin en Italie.

63 — Du même. Murs de Rome.

64 — Du même. Vue prise en Itale dans la Sabine.

65 — Du même. Temple au bord de la Mer.

66 — Truchot. Escalier du Palais Royal.

67 — Vallin. Les Baigneuses.

68 — Du même. Psyché et l'Amour.

69 — Du même. Trois petites têtes d'enfant.

70 — Du même. Marine. Clair de lune.

71 — Du même. Bacchantes.

72 — Du même. Paysage. Un berger ramenant son troupeau.

73 — VALLIN. L'inscription du passage des Thermo-
pyles.

74 — DU MÊME. Marine.

75 — DU MÊME. Marine avec un clair de lune.

76 — DU MÊME. Intérieur d'un atelier.

77 — DU MÊME. Vue prise aux prés Saint-Gervais.

78 — DU MÊME. Paysage.

79 — DU MÊME. Le Repos des moissonneurs.

80 — VAN DER BURCK. Vue d'Italie.

81 — VERNET (Joseph). Marines avec clair de lune.
Deux petites esquisses.

82 — DECAMPS. Une prairie au bord de l'eau.

83 — DU MÊME. Paysage. Esquisse.

84 — GRANET. Intérieur de cuisine.

85 — GÉRICAULT. Renard surprenant des poules.

86 — DU MÊME. Le Christ descendu au tombeau.

87 — BONNINGTON. Homme à cheval au bord de la mer.

88 — DU MÊME. Marée basse.

89 — DU MÊME. Etude de ferme.

90 — DIAZ. Intérieur de forêt.

91 — PRUD'HON. Tête de Vierge.

92 — THURIOT. Bouquet de fleurs.

93 — FRAGONARD. Deux Amours.

94 — Sous ce numéro, plusieurs tableaux non cata-
logués.

Dessins encadrés.

95 — Vues de Rome, peintes à la gouache, par Houël.
3 cadres.

96 — Paysages. Vues d'Italie, par Paul-Martin, La-
    pito, etc. 3 dessins à l'aquarelle.

97 — Vues prises à Pompéi. Intérieur d'église, etc.
    3 aquarelles.

98 — Vue de Venise. Vue de Pompéi, etc. 3 dessins
    à l'aquarelle, par Paul Martin.

99 — Théâtre romain. Paysage. 6 dessins à la sépia,
    par Bourgeois, dans deux cadres.

100 — Paysages, par Lesueur, Baltard, etc., à la sépia.
    6 dessins.

101 — Paysages et sujets à la sépia, par le comte de
    Forbin, Hip. Lecomte, etc. 6 dessins.

102 — Vue de Rome et d'Italie, grandes aquarelles,
    par Nicole. 8 pièces.

103 — Vues de Naples, Rome, Venise, à l'aquarelle,
    par Nicole. 21 dessins de forme ronde.

104 — Paysages. Vue de Bade. 5 aquarelles, par Thié-
    non et Pichot.

105 — Paysages. Deux dessins à l'encre de Chine, par
    de Boissieu.

106 — Paysage à l'encre de Chine et sépia, par de
    Boissieu. Dessin capital.

107 — Intérieur de Village, à la sépia, par de Boissieu.

108 — Dessin à l'aquarelle. Vues en Italie, par Thi-
    baut.

109 — Copies de tableaux flamands. 4 dessins à la
    sépia et à l'aquarelle, par Leroy.

110 — Paysages, intérieurs. 6 dessins à la sépia et à
    l'aquarelle, par Granet, Pernot et autres.

111 — Paysages, intérieurs. 11 dessins à la sépia et à
    l'aquarelle, par Granet, Castellan, etc.

112 — Vues d'Italie. 10 dessins à la sépia et à l'aquarelle, par divers artistes.

113 — Beau dessin à la sépia rehaussé, pour la tragédie de *Phèdre*, par Girodet.

114 — Beau dessin à la sépia rehaussé, pour la tragédie de *Bazajet*, par Gérard.

115 — Dessin à la sépia rehaussé, pour la tragédie des *Frères ennemis*, par Moëtte.

Ces trois Dessins ont été gravés pour les Œuvres de Racine, publiées par M. Didot.

116 — Vue prise en Sicile. Oreille de Denys. Dessin à l'aquarelle, par Cassar.

117 — Vues prises en Italie. 8 dessins à l'aquarelle, par Castellan.

118 — Vue de la Porte de Sens, dessin à l'aquarelle, par Nicolle.

119 — Vues de Rome et d'Italie. 8 dessins à l'aquarelle et à la sépia, par Nicolle et Granet.

120 — Vues de la villa Mécène à Rome et de la corniche de Nice à Gênes. 2 dessins à la sépia, par Granet et le comte Turpin de Crissé.

121 — Vue de la villa Médicis, vue de Rivoli, etc. 3 dessins à l'aquarelle, par Baltard, Clerget et autres.

122 — Vues de Rome. 33 dessins à l'aquarelle et à la sépia, par Thibaut.

123 — Bouquet de fleurs. Dessin à l'aquarelle, par Chazal.

124 — Vues d'Italie. 3 dessins à l'aquarelle, par Boisselier et Castellan.

125 — Paysages, Intérieurs. 4 dessins à la sépia, par
Granet, Alaux, etc.

126 — Intérieurs. 2 dessins à la sépia, par Nicolle.

127 — Vues d'Italie. 2 dessins à l'aquarelle et à la sépia, par Thibaut.

128 — Monuments et fragments antiques. 2 dessins à
la sépia, par Granet et Vauzelle.

129 — Intérieurs, Paysages et Costumes à l'aquarelle
et à la sépia, dans deux cadres, par divers
artistes.

130 — Chèvres dans des rochers. Vues d'Italie, etc.
4 dessins à la sépia et au crayon, par Thiénon et Boïsselier.

131 — Cascatelles de Tivoli. Mendiants italiens. 4 dessins à la sépia, par Boïsselier et Coutan.

132 — Paysages. Vues de Rome et d'Italie. 4 dessins
à la sépia, par le comte de Forbin. etc.

133 — Fragments antiques. Intérieur. 3 dessins à la
sépia, par Thibaut et le comte de Forbin.

134 — Vue du Pont des Soupirs, à l'aquarelle, par
Nicolle.

135 — Tête d'homme et Paysages. 3 dessins, par Ré-
véil et Thiénon.

136 — Paysages, vues d'Italie. 6 dessins à la sépia,
dans deux cadres, par Baltard et autres.

137 — Vues d'Italie. 6 dessins à la sépia, en deux
cadres, par le comte Turpin de Crissé.

138 — Intérieurs de couvents. 5 dessins à la sépia et
à l'aquarelle, par Granet et Renoux.

139 — Copie d'un tableau de Monteigne à l'aquarelle
et une sépia, par Leroy.

140 — Vues de Rome et d'Italie. 3 dessins à la sépia
rehaussés, par Boisselier et de Wailly.

141 — Intérieur de cloître, etc. 4 dessins à la sépia,
par Collet.

142 — Intérieur d'Église. Paysages. 4 dessins à l'a-
quarelle, par Nicolle et autres.

143 — Intérieur d'Église. Paysages. 8 dessins à l'a-
quarelle et à la sépia, par Nicolle, Thiénon
et autres.

144 — Paysages, vues d'Italie. 8 dessins à la sépia,
par Destouches, Isabey et autres.

145 — Vues de Rome et de Venise. 9 dessins à la sépia, par Granet.

146 — Paysages, vues d'Italie. 12 dessins à la sépia,
par Boisselier, Dupressoir et autres.

147 — Palais des Thermes. Atelier d'un Sculpteur.
4 dessins à l'aquarelle et à la sépia, par Nicolle, Hubert.

148 — Entrée d'une Église. Ruines d'une Abbaye.
6 dessins à la sépia, par Thibault et Turpin de
Crissé.

149 — Vues d'Italie. 2 aquarelles, par Nicolle.

150 — Vues d'Italie. 12 dessins à l'aquarelle et à la
gouache, par Nicolle et Moreau.

151 — Paysages, vues d'Italie. 8 dessins à la sépia,
par Destouches, Champin, etc.

152 — Vues d'Italie, intérieur de Cloître. 4 dessins,
sépia et aquarelle, par Granet, Bonton.

153 — Paysages et Marines. 2 dessins à la pierre d'Italie, rehaussés, par Lantara.

154. — Intérieur de cour à Rome. Cloître de Saint-
Étienne-du-Mont. 6 dessins à la sépia, par
Granet et autres.

155 — Vue de la villa Médicis. Vues d'Italie, par Baltard, Bourgeois et autres.

156 — Vue de la Mare d'Auteuil et vues d'Italie. 15
dessins à l'aquarelle, par Paul Martin, Castellan et autres.

Dessins en Feuille.

157 — MARILHAT. Études d'après nature. 10 dessins.

158 — DECAMPS. Chevaux, Chasses, Personnages, etc.
10 dessins au crayon noir.

159 — BONNINGTON. Jeune fille dans un Paysage. Grand
dessin non terminé.

160 — DELAROCHE (Paul). Étude de Vierge au crayon.

161 — ROBERT (Léopold). Vendangeurs. Étude au
crayon de mine.

162 — JACQUES (Charles). Croquis de Paysages, Ani-
maux. 7 dessins au crayon.

163 — BOUQUEREAU. La Charité. Étude au crayon noir.

164 — Sous ce numéro seront divisés grand nombre
de dessins, croquis, études faites en Italie,
par Thibaut, Nicolle, Dupré, Boisselier, etc.

Livres d'Estampes.

165 — Collection de Paysages, d'après Claude Lor-
    rain et Le Guaspre. Londres, 1801. 54 plan-
    ches.

166 — Le Château de Marienbourg en Prusse. Ber-
    lin, 1799. 18 pl.

167 — PIRANÈSE. Choix de vues de Rome, Statues,
    Monuments, etc. 53 pl.

168 — Recueil d'estampes, d'après les dessins de
    Boucher-Desnoyers faits en Italie ; gravées
    par le même, Massol, Godefroy, Aubert, etc.
    Paris, Didot, 1821. 33 pl.

169 — GRANDJEAN DE MONTIGNY et TANIN. Architecture
    toscane, 1815. Didot. 1 vol. 109 pl., au trait.

170   { Vues d'Italie, d'après Bourgeois. 1 vol. 96 pl.
      { NEERGAARD. Voyage au nord de l'Italie. 18 pl.

171 — Concours décennal. Paris, 1812. 1 vol. 30 pl.

172 — PINELLI. Recueil de Costumes gravés à l'eau-
    forte. Rome, 1809. 50 pl.

173 — Vues de Berlin et Combats de l'armée prus-
    sienne. 12 pl.

174 — OEuvres de Flaxmann. Les tragédies d'*Eschyle*.
    1 vol. 59 pl., au trait.

    { BALTARD. Voyage en Italie. 48 pl.
    { Voyage à Clisson, par Thiénon et Piringer. Di-
175   {   dot, 1817. 30 pl.
    { Études de Paysages, par Bourgeois, gravées à
      l'aqua-tinta par Piringer. 4 cahiers. 16 pl.

190 {
Duplessis-Bertaux. Recueil d'eaux-fortes. 100 pl.
Enfant prodigue. 12 pl.
Petit recueil. 12 pl.
Scènes de la Révolution française. 16 pl.

191 {
Petit recueil de Vignettes, d'après tableaux divers. 40 vig.
Monuments de Nîmes, par Bonafous. In-12. 6 vig.
Maison Carée, par Bonafous. In-12. 6 vig.

192 — Les Fables d'Ésope, gravées par Barlow. Amsterdam, 1714. In-8. 144 pl.

193 {
Le Théâtre moral de la vie humaine, par Otto Venius. Bruxelles, 1678. In-8. 44 pl.
Histoire des Juifs de Flavius Joseph, traduit par Arnaud d'Andilly, avec figures. Amsterdam, 1681.

194 — Vues de Namur, Dinant, etc. 1 vol. 21 dessins sépia, etc.

195 — Dusommerard. Les Arts au moyen-âge. 1 album noir. 5 vol. texte. 108 pl.

196 — Jacotter. Voyage aux Pyrénées. Gihaut. 1 vol. 104 pl.

197 — Du même. Souvenirs des eaux de Baden-Baden. 1 vol. 40 pl.

198 {
Rémond. Vues d'Italie. 48 pl.
Du même. Souvenirs de Naples. 25 pl.

199 {
Jolimont (de). Monuments de Rouen. 1822. 28 pl.
Architecture pittoresque, par Rouargue et Boys. Paris, Delpech. 1 vol. 48 pl.
Monuments de la France, par Vanzelle et divers. 9 pl.

200 { Vues du Simplon, par le major Cockburn, lithographiées par Harding. 1821. 1 vol. 52 pl.
Route du Mont Cénis, par le major Cockburn. 1822. 1 vol. 50 pl.

201 — CLERGET. Souvenirs de voyage. 1 vol. 57 pl.

202 { BOURGEOIS. Châteaux de France. 1 vol. 76 pl.
DU MÊME. La Grande-Chartreuse. 20 pl.
DU MÊME. Vues d'Italie. 34 pl.

203 { THIÉNON. Vues de la Gironde. 1 vol. 20 pl.
BOURGEOIS. Études de Paysages. 24 pl.
Idem. Idem. 40 pl.
THIÉNON et BOURGEOIS. Paysages. 19 pl.
ISABEY. Voyage en Italie. 30 pl.

204 { Album lithographique, par divers. 1819. 18 pl.
Idem. 20 pl.
Idem. 20 pl.
Idem. 1821. 17 pl.
Idem. 1828. 1 cahier. 6 pl.
Plusieurs planches par Carle Vernet.

205 { Album des peintres de Sèvres. 1 vol. 12 pl.
Dessins lithographiques. Paysages. 1820. 12 pl.
Le Couvent de Lichtonthal, près Bade. 15 pl.
BOUTON. Intérieurs. 1 vol. 18 pl.
Id. id. 2 cahiers. 12 pl.

206 { RENOUX et divers. Intérieurs. 1 vol. 19 pl.
Idem. 16 p.
ARNOUX. Idem. 12 pl.
VILLENEUVE. Paysages. 16 pl.

207 { Chaumières et Barrières, par divers. 18 pl.
Environs de Paris, par divers. 22 pl.
Paysages. 12 pl.
Idem. 12 pl.

208 {
Essais lithographiques d'Isabey. 10 pl.
Dessins lithographiques, par Bellangé, etc. 6 pl.
Culs-de-lampe. 12 pl.
Paysages. 10 pl.
}

209 — Grivet, par Horace Vernet. 7 pl.

210 — Souvenirs pittoresques du général Baeler d'Albe, en Italie et en Espagne, 2 vol. 200 pl.

211 {
Vues de Falaise. 6 cahiers, texte, 1 vol. 32 pl.
Petits intérieurs à Paris. 12 pl.
Paysages. 31 pl.
Vues de Paris. 29 pl.
Têtes de cosaques. 12 pl.
}

212 {
HERSENT. Contes de La Fontaine. 10 pl.
VERNET (Carl). Chiens de chasse. 12 pl.
VERNET (Horace). Croquis lithographiques. 1818. 12 pl.
CHARLET. Album lithographique. 17 pl.
}

213 {
ISABEY. Caricatures. 12 pl. coloriées.
SCHEFFER. Ce qu'on dit et ce qu'on pense. 60 pl. coloriées.
}

214 {
MONNIER (Henri). Mœurs administratives. 18 pl. id.
Idem. Esquisses parisiennes. 12 p. id.
Idem. Boutades. 6 pl. id.
Idem. Félicités et misères. 10 pl. id.
Idem. Récréations. 30 pl. id.
Idem. Paris vivant. 20 pl. id.
}

215 — Caricatures, Charivari, Musée Philipon, etc. 2 vol.

216 {
BOURGEOIS. Vue d'Italie. 1 vol. 12 pl.
Galerie des militaires français. 44 pl.
Vues du Rhin. Croquis au trait par Lasinsky. 55 pl.
}

217 — LECONTE (Hippolyte). Costumes français de 1200 à
          1820, Delpech, 1820. 2 vol. 380 pl., couleur.

218 — DU MÊME. Costumes. 1 vol. 90 pl. id.

219 { Costumes de militaires français. 1 vol. 28 pl. id.
      { Costumes du royaume de Naples. 1 vol. 12 pl. id.

      / Petits paysages lithographiés. 54 pl.
      | Vues de Bade. 47 pl.
      | Habitations de J.-J. Rousseau. 12 pl.
220   { MARLET. La Henriade. 12 pl.
      | A. NOEL. Voyage lithographique. 32 pl.
      \ Vues de Carlsruhe. 32 pl.

Gravures et Lithographies.

Les Muses et les Piérides, par Desnoyer ; saint Fran-
çois, par Forster ; Agar présenté à Abraham, par Wille ;
grand nombre de pièces de la galerie de Florence ;
paysages, par Vivarès, Woolett, etc. ; une grande quantité de vignettes françaises pour divers ouvrages ; pièces
d'après Prud'hon, gravées par Roger ; lithographies
anciennes, dont p usieurs rares, par Géricault, Charlet,
H. Vernet, Bellanger et autres ; collections de caricatures, modes, etc., etc.

Objets de Curiosité.

1 — Nymphe couchée. Charmante statuette en terre
       cuite, par Marin.

2 — Bacchantes couchées. Deux belles statuettes
    en terre cuite, par Marin.

3 — Statuettes de Montaigne, par Pigal ; Jupiter,
    d'après l'antique. Deux bronzes sur socle en
    marbre de Sienne.

4 — Statuettes d'Esculape et la déesse Hygie. Deux
    bronzes sur socle en marbre.

5 — Une coupe en bronze.

6 — Petits bronzes, lampes, d'après l'antique. Cinq
    pièces.

7 — Un petit coffret d'écaille.

8 — Un lot considérable de pièces égyptiennes,

9 — Deux vases en terre cuite.

10 — Un verre allemand orné de peintures.

11 — Une bouteille en faïence.

12 — Coupe et vases en terre cuite.

13 — Dix vases et lampes en terre cuite, étrusques.

14 — Quatorze coupes et vases en terre cuite, façon
    étrusque.

15 — Une serrure ancienne avec sa clé et neuf ver-
    roux.

16 — Une rape en ivoire.

17 — Une quantité considérable d'objets de curiosité,
    terres cuites, ivoires, tabatières, seront divi-
    sées sous ce numéro.

Penou et Maude, imprimeurs de la Compagnie des Commissaires-Priseurs,
144, rue de Rivoli.   2021

Pd. de Ftalbu   rue Boudreau le

Dedin De Brotau   d Dfr

Nune 10te à 1771   1 Sch ——